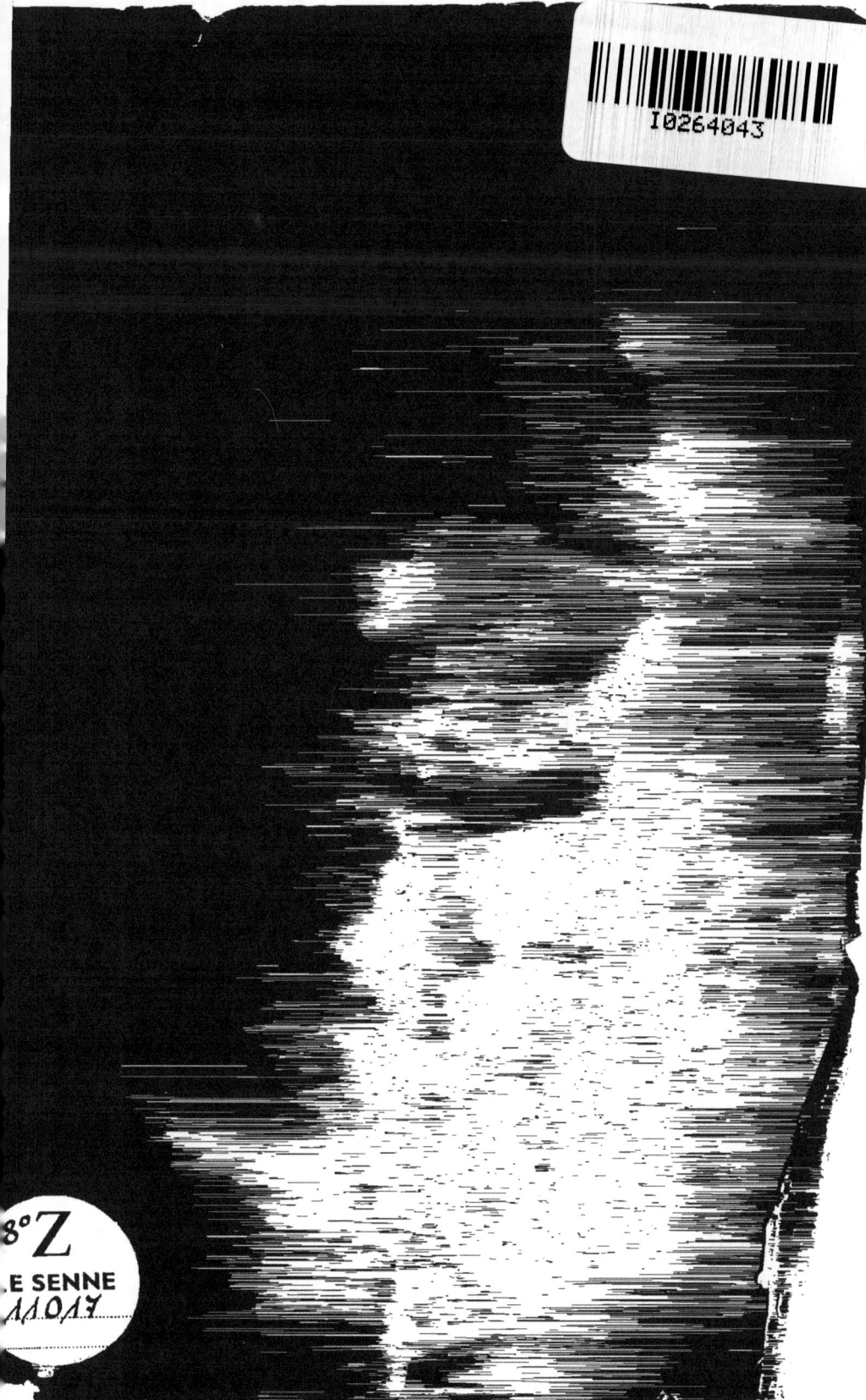

MÉMOIRE

POUR SERVIR A L'HISTOIRE

DE

GERMAIN PILLON

SCULPTEUR DU ROI

PARIS. — IMPRIMERIE DE CH. LAHURE ET Cie
Rues de Fleurus, 9, et de l'Ouest, 21

MÉMOIRE

POUR SERVIR A L'HISTOIRE

DE

GERMAIN PILLON

SCULPTEUR DU ROI

A PARIS

AUX DÉPENS DE L'AUTEUR

M DCCC LX

MÉMOIRE

POUR SERVIR A L'HISTOIRE

DE

GERMAIN PILLON[1],

SCULPTEUR DU ROI.

(Mélanges des Bibliophiles, 1856.)

Charles IX ayant, par lettres données à Paris, le 29 octobre 1572, retenu Germain Pillon comme « conducteur et contrôleur général « en l'art de sculpture sur le faict « des monnoies et revers d'icelles, » les lettres du Roi durent être enregistrées à la Cour des monnoies, sous la surveillance et direction de laquelle étoit placé tout ce qui étoit relatif aux monnoies et aux métaux précieux.

---

1. Dans le cours d'un travail sur les orfévres de Paris que j'ai entrepris il y a environ dix ans et dont je donnerai bientôt, en attendant mon

MÉMOIRE

La cour vit d'assez mauvais œil la création d'une charge nouvelle, qui lui sembloit, non sans quelque raison, faire une sorte de double emploi avec celle du tailleur général des monnoies, et Pillon ayant demandé, le 18 avril 1573, qu'on entérinât ses lettres, la cour le fit venir le 21. Voici le procès-verbal officiel des questions adressées à Pillon et de ses réponses.

« Du 21ᵉ jour d'avril l'an 1573, a esté mandé et
« fait comparoir au bureau de la court des monnoyes,
« Mᵉ Germain Pillon, sculteur ordinaire du Roy, et à
« luy remonstré que la dite court avoit veu les lettres
« de provision par luy obtenues du dit seigneur, de
« l'estat de contrerolleur général de l'art de sculture
« sur le faict des monnoyes et revers d'icelles, et dict
« qu'elle désiroyt d'entendre d'iceluy quel prouffict et
« utilité le Roy et la républic recepvroient du dict es-
« tat[1], et ce qu'il entend faire au dict estat et office. »
« A dict qu'il entend faire ung modelle de cire de
« l'éfigye du Roi, pour servir aux testons et aultres
« pièces où son éfigye sera empraincte, selon que le
« visaige de Sa Majesté se changera d'an en an ; sur
« lequel modelle il entend que le tailleur général tail-

---

grand ouvrage, une sorte de résumé pour mettre le résultat de mes recherches à l'abri des événemens et de la mort, j'ai rencontré de précieux renseignemens sur le célèbre Germain Pillon et ses enfans. Tous les arts sont frères, et on verra d'ailleurs par le plus important de mes documens que l'orfévrerie de Paris avoit reçu des modèles du grand sculpteur. Ces documens auroient donc été à leur place dans mon livre, mais des circonstances dont il est inutile d'entretenir le lecteur m'ont fait désirer de publier dès maintenant ce que j'ai trouvé sur ce sujet.

1. Voilà une demande qui ne laisseroit pas que de paroître indiscrète aux titulaires de quelques emplois créés de nos jours.

« lera ses poinçons; et sera sonnieux que le dict tail-
« leur général face son debvoir selon le modelle qui
« luy aura baillé tant pour l'éfigye que pour le revers
« d'icelle, fleurs de lix, couronnes et aultres carac-
« taires qu'il conviendra à icelles, donnant ordre que
« la cymétrie et proportion y sera gardée; et mesmes
« où le dict tailleur général ne s'acquicteroyt suffisam-
« ment à représenter la cire et modelle qui luy au-
« royt baillé, entend les tailler luy-mesmes, et en faire
« les poinçons ad ce nécessaires en fer et acier, tant
« pour le faict des dictes monnoyes que aultres pièces
« de plaisir que le dict seigneur vouldra faire faire,
« en le satisfaisant selon les tauxes ordinaires et que
« le dict estat le mérite, oultre ses gaiges.

« Luy a esté remonstré que l'occasion de la diversité
« de l'éfigye du Roy que l'on voit aux monnoyes de
« France ne vient pas tant de la faulte du tailleur gé-
« néral que des tailleurs particuliers, qui disent que
« les poinçons de l'éfigye que l'on leur envoye se rom-
« pent en frappant les pilles, et aucunes foys dès le
« premier coup, par faulte de la trampe, acier, ou
« aultre mallefasson, au moyen de quoy ils sont con-
« trainctz, pour ce que cella advient aucunes foys ès
« monnoyes longtaines, et que cella apporteroyt ung
« chommaige auparavant que d'avoir recouvert ung
« poinçon, ilz font eulx-mesmes le poinçon de la dicte
« éfigye.

« A dict qu'il y mectera si bon ordre que le dict
« inconvénient n'adviendra poinct, et que plustot il
« enverra aux tailleurs particulliers ung mesme subgect
« que au tailleur général, et aura l'œil que l'éfigye du
« Roy sera bien représentée en toutes ses monnoyes.

« Soit le présent acte et déclaration, ensemble les
« lettres obtenues par le dict Pillon, monstrez et si-
« gniffiez à Claude de Hery, tailleur général, pour ve-
« nir dire au premier jour ce que bon luy semblera.

« Faict en la Court des monnoyes, le 21ᵉ jour d'a-
« vril 1573. »

Le 28 du même mois, Claude de Hery, tailleur général, ayant été mandé pour être interrogé au sujet du nouvel office, déclara s'en rapporter à la cour, pourvu que Pillon déclarât qu'il n'entendoit pas lui nuire en son état. Pillon, présent, déclara qu'il n'avoit entendu lui faire aucun tort, *ains entendoit suivre seulement ses dictes lettres*.

Les réponses de Pillon et l'acquiescement de Claude de Hery n'ayant pas satisfait la Cour des monnoies, elle adressa au Roi, le 5 mai 1573, des remontrances dans lesquelles, rappelant et approuvant la création, en août 1547, de l'office de tailleur général des monnoies de France en faveur de feu Marc Beschot, *l'un des plus excellens graveurs de son temps*, elle représentoit au Roi que la nouvelle charge étoit inutile et de nul effet, « venant seulement à la foule et dimi-
« nution des finances. »

Cependant le Roi envoya, le 3 juin, des lettres de jussion pour faire recevoir Pillon; et, sur une nouvelle requête de ce grand artiste, en date du 7 juillet[1], la cour ordonna qu'il seroit informé (suivant l'usage) sur la vie et la religion du postulant. Voici le procès-

---

[1]. Je ne la donne pas ici parce qu'elle n'est que signée de lui et me paroît faite par son procureur.

verbal de cette enquête. L'intérêt des détails qu'il contient se recommande assez de lui-même pour que je me dispense de le signaler.

« Informacion faicte par nous, Guillaume Desmou-
« lins, conseiller du Roy et général en la court des
« monnoyes, commissaires en ceste partie, sur la vye,
« fame, renommée et religion catholicque de maistre
« Germain Pillon, en laquelle ont esté oyz les tes-
« moingz nommez par le dict Pillon ainsy qu'il s'en-
« suict :
« Du neufviesme jour de juillet 1573, du matin
« après l'heure de dix heures, au greffe.
« Honnorable homme Nicolas des Avenelles, bour-
« goys de Paris, demeurant ès faulxbourgs Saint-
« Jacques, aagé de 63 ans, ou environ, après ser-
« ment, etc....
« Dict qu'il congnoist le dict maistre Germain Pil-
« lon dès son aage, parce qu'il est natif des dicts faulx-
« bourgs Saint-Jacques[1], et proche voisin dudict dé-
« posant, lequel il a tousjours congneu homme de
« bonne vie, tant de sa jeunesse, premier, second que
« troisiesme mariaige, et vivre catholicquement comme
« ung bon et fidelle chrestien, luy en ayant tousjours
« veu (sic).... les actes en esglises de ceste ville, ne luy

---

[1]. Pillon, que nous verrons plus loin domicilié dans l'enclos du Palais, étoit propriétaire de maisons (où il semble, par les termes de cette enquête, avoir demeuré dès son enfance et sa jeunesse) situées à l'Orient et près de la porte Saint-Jacques. C'est ce qui résulte d'un document original de 1600, mais évidemment copié sur un autre antérieur que m'a indiqué M. Berty, auteur d'un travail aussi important que consciencieux sur la topographie du vieux Paris.

« a veu tenir aucun propos mal sentant de la foy, ny
« contre la dicte religion catholicque, appostolicque
« et romaine.

« N'a sceu, veu, ny entendu qu'il ayt esté reprins
« d'aucun cas.

« Et est ce qu'il a dict, et s'est soubzsigné : N. DES
« AVENELLES.

« Richard Toutain, maistre orfèvre, demeurant au
« Sagittaire, sur le pont au Change, aagé de 45 ans ou
« environ, après serment, etc....

« Dict qu'il (a) cognoissance du dict Pillon dès et
« depuys 18 ans, parce qu'il a besoigné depuys le dict
« temps pour le dict déposant et autres orfèvres, à
« esbaucher des figures de sculture et modelles dont
« l'on use en leur estat d'orfèvre, et estime qu'il est
« l'ung des plus sçavans hommes de ce royaulme en
« cest estat, et l'a tousjours depuis le dict temps veu
« vivre catholicquement, aller à la messe à Sainct-
« Berthelemy et autres églises, et veu faire tous actes
« de bon et fidelle chrestien ; n'a sceu qu'il ayt esté
« reprins d'aucun cas.

« Et est ce qu'il a dict, et s'est soubzsigné : R. Tou-
« TAIN.

« Honnorable homme Guillaume Brumant, mar-
« chand, bourgoys de Paris, demeurant ès faulxbourgs
« Sainct-Jacques, aagé de 46 ans ou environ, après
« serment, etc....

« Dict avoir congnoissance du dict Pillon dès 18 ans,
« parce qu'il est né aus dicts faulxbourgs Saint-Jac-
« ques, et mesmes a cogneu le père du dict Pillon, et
« l'a tousjours depuys le dict temps congneu homme
« de bien et bien vivant, sans aucun reproche, sçayt

« qu'il est de la religion catholicque, apostolicque et
« romaine, pour luy en avoir veu faire les actes, et
« entre autres, le dict déposant luy a tenu sur les fons
« de baptême ung sien enffant en l'église d'Arcueil,
« près Paris; n'a sceu ni entendu qu'il ayt esté reprins
« d'aucun cas digne de répréhention.

« Et est ce qu'il a dict, et s'est soubzsigné : Guil-
« laume Brumen.

« Desmoulins. »

« Soit monstré au procureur général du Roy. Faict
« en la cour des monnoyes le 9ᵉ jour de juillet 1573.

« Je consens que le dict Pillon soit reçeu ainsy qu'il
« est mandé par les lectres de provision à luy expé-
« diées, sans faire aucune expérience, attendu qu'elle
« est notoire et tesmoigné par les dictes lettres.

« Fait le dict jour.

« Godefroy. »

A la suite de cette enquête, la cour enregistra, le 3 août, les lettres de provision de Germain Pillon. Elle avoit d'abord décidé qu'il ne seroit payé qu'après tous les officiers de la cour; mais Pillon s'étant plaint, le 20 août, que si on renvoyoit le payement de ses gages après les chevauchées, taxations et autres droits, il ne seroit jamais payé, la cour décida, le 3 septembre, qu'il recevroit ses gages après les présidents et conseillers, et en même temps que le tailleur général.

Après ces difficultés préliminaires, Germain Pillon paroît avoir joui paisiblement de son office. Comme il avoit vu, en août 1575, passant par la Monnoie, des monnoyers travailler à des francs et demi pour la plupart mal oüvrés et monnoyés, il en fit son rapport à la cour, qui commit, le 30 août 1575, deux de ses conseillers pour remédier au désordre qui lui étoit signalé.

Le 8 mai 1581, il comparut comme témoin à une enquête faite sur Alexandre Olivier[1], pourvu de l'office de maître ouvrier, et conducteur de la monnoie des étuves. Il prenoit alors le titre de sculpteur du Roy et contrôleur des effigies de Sa Majesté. Il se dit demeurant à Paris (c'étoit probablement dans l'enclos du Palais, puisqu'il étoit paroissien de la chapelle basse du Palais), et « âgé de quarante-six ans ou envi-
« ron. »

Il dit, dans cette enquête, « congnoistre le dit
« Alexandre Olivier depuis dix ou douze ans ou envi-
« ron, pour avoir hanté et fréquenté avec Aubin Oli-
« vier, père du dit Alexandre, et estre son prochain
« voisin.... et ly a veu fère ses pasques en la paroisse
« de la basse chapelle du Palais, où ils sont parois-
« siens.... »

Au commencement de l'année 1582, Philippe Damfrye[2] ayant été pourvu de l'office de tailleur général des monnoies de France, la Cour des monnoies, qui

---

1. J'ai trouvé bien des choses sur ces Olivier. Jeanne des Jours, veuve de Réné Olivier, présenta, le 23 mars 1629, J. Warin, depuis assez célèbre, pour exercer l'office de conducteur de la monnoie du Moulin, pendant la minorité de Pierre et Denis Olivier ses enfans. Elle l'épousa quelque temps après.

2. Connu comme l'un des deux premiers introducteurs dans l'imprimerie des caractères de civilité, etc. ; mais ce qu'on ne sait peut-être pas, c'est qu'il faisoit « des fers à marquer les couvertures des livres. »

paroît avoir été peu satisfaite de son talent[1], décida que, nonobstant cette nomination, tout le monde pourroit se présenter dans huitaine, afin de concourir pour l'office de tailleur général. Pillon fut chargé, à cette occasion, de faire six effigies du roi pour servir de modèles aux concurrens; mais Philippe Damfrye obtint des lettres du roi, le 16 mai 1582, pour empêcher le concours, et quoique la Cour des monnoies eût persisté d'abord, il fut reçu quelque temps après tailleur général sans concours, malgré la mauvaise volonté de la Cour des monnoies et les oppositions nombreuses qu'avoit soulevées sa nomination. Parmi ces oppositions, on remarque celle de Pillon; elle est en date du 11 mai 1582. Il y est dit que Damfrye avoit confessé son insuffisance, puisqu'il avoit décliné le concours, et que lui, Pillon, avoit intérêt à s'opposer à sa nomination; car si le tailleur général « ne sait bien « imiter les cires et modèles qu'il doit prendre de lui, « l'on luy imputeroit toujours la faulte, et sembleroit « que la cire par luy baillée n'eût été bien faite. »

Il paroît que ces craintes étoient fondées, car le 9 décembre 1586, Pillon se plaignoit que le tailleur général et les tailleurs particuliers n'imitoient pas ses modèles, ce qui donnoit beaucoup de facilité pour contrefaire les monnoies; et il demandoit que Damfrye fût forcé de lui communiquer les piles et trousseaux sortant de ses mains. Le 12 décembre, le procureur général prenait des conclusions conformes, et requé-

---

[1]. « Avec le poinçon présenté par Philippe Damfrye, on frappera des « fers pour mounoyer deniers qui seront présentés au Roy pour savoir « s'il s'en contente. » 3 février 1582.

roit que toutes les monnoies de province fussent fournies de nouveaux poinçons bien faits. Damfrye invoqua les prérogatives de son office, d'après lesquelles tous les tailleurs particuliers des monnoies devoient prendre poinçon de lui. Néanmoins Pillon ayant offert « de « bailler une cire bien imitée, qu'il monstreroit à la « cour, et après, la trouvant bien faicte, seroit baillée « au graveur (sic) général pour faire les poinçons, les- « quels, estant faicts, les communiqueroient, lui Pillon « et Damfrye, ensemblement, et après les monstre- « roient à la cour, » il fut chargé de présenter cette cire à la Cour des monnoies.

Après la mort de Henri III, Germain Pillon partagea l'avis de la majorité des François, qui pensoient que l'hérésie de Calvin ne devoit pas s'asseoir sur le trône de France, mais qui reconnurent les droits du roi légitime aussitôt qu'il revint à la religion de ses pères. Il resta donc à Paris, tandis que Damfrye s'étoit au contraire retiré à Tours. C'est lui qui fut chargé d'examiner les poinçons de l'effigie de Charles X (cardinal de Bourbon), faits par trois concurrens, sur une cire donnée par lui. Il déclara, le 12 janvier 1590, que celui de Philippe Regnault « étoit le plus approchant de la « dite cire, et plus semblable, parce que, de tout en « tout, les linéamens et posture estoient mieux imités, « les muscles [1] mieux liés ensemble, et tout ce qui étoit « requis à l'imitation du dit portrait [2]. »

---

1. Mot très-mal écrit et douteux.
2. Nicolas Roussel, graveur à Paris, un des candidats évincés, se plaignoit le 14 février que Regnault avoit eu la cire de Pillon chez lui au lieu de travailler comme les autres chez les commissaires de la Cour des monnoies, et qu'il avoit fait corriger son poinçon par Pillon. Il invoquoit à

Pillon mourut bien peu de temps après; peut-être fut-ce d'une maladie contagieuse qui régnoit alors à Paris, et dont Lestoille a consigné l'existence. Le 8 février suivant, le duc de Mayenne étant à Dammartin, donna à Gervais Pillon, son fils, l'emploi dont il avoit joui. La Cour des monnoies fit les plus grands efforts pour faire supprimer cette charge, qui lui sembloit faire double emploi avec celle de tailleur général. Elle déclara, le 23 mars, malgré des lettres de jussion, qu'elle ne pouvoit ni ne devoit procéder à la vérification des lettres de provision dudit prétendu office, et deux années s'écoulèrent sans que le fils Pillon fît de nouvelles tentatives.

Dans cette même année 1590, nous voyons paroître un autre fils de Germain Pillon, qui, à ma connoissance, n'a pas encore été cité, et qui semble avoir partagé les travaux de son père, mais non jusqu'à présent sa gloire : RAPHAËL PILLON [1], « maistre sculpteur et ar-« chitecte du Roi, » comparut, le 8 mars 1590, au greffe de la Cour des monnoies, comme témoin dans le procès d'un certain Galéas de Vigère, Italien, natif de Pise, et soi-disant prêtre, qui fut condamné, le 19 du même mois, à l'amende honorable, au bannissement et à 50 écus d'amende, pour avoir construit des fourneaux et réuni des recettes pour falsifier l'or et l'argent. On voit dans sa déposition, que je donne plus bas *in extenso*, qu'il avoit travaillé à la sépulture

---

cet égard le témoignage de *Raphaël Pillon, fils de Germain*, et demandoit qu'on déférât à Regnault le serment sur ces faits. Il se désista cependant de sa plainte.

1. On a vu ci-dessus que Nicolas Roussel, invoquant son témoignage, disoit qu'il étoit fils de Germain.

du chancelier de Birague [1], qui a été jusqu'ici attribuée exclusivement à Germain Pillon. On pourroit même induire, des termes qu'emploie Raphaël Pillon, qu'il y travailloit seul : mais j'avoue que j'aimerois mieux croire à un oubli de sa part, ou à une omission du greffier des monnoies, que de retirer à Germain, en me fondant sur le silence de son fils, l'honneur d'avoir travaillé à ce monument qu'on lui a généralement attribué jusqu'ici. Il est probable que Raphaël Pillon, qui, si Bonfons a dit vrai quand il fixe à juin 1585 (Ire partie, fol. 93 v°) l'achèvement de ce monument, n'avoit alors que vingt-quatre ou vingt-cinq ans, aidoit seulement son père. Le lecteur en jugera.

Voici maintenant la déposition de Raphaël Pillon :

« Par-devant nous, Pierre Monet et Martin Gosseau,
« conseillers du Roy nostre sire en sa Court des mon-
« noies, commissaires en ceste partie, et à la requeste
« du procureur général du Roy :

---

[1]. Ce monument est représenté dans les Antiquités de Paris (IIe partie, par Jean Rabel, Paris, 1588, f° 103 v°). La statue du cardinal a seule été conservée et se trouve au Musée du Louvre. On voit aussi au Musée la belle statue de Valentine Balbiani, femme de M. de Birague avant qu'il entrât dans les ordres. A côté d'elle est représenté un charmant petit chien, qui est certainement celui dont Flaminio de Birague, neveu du chancelier, a célébré la fidélité dans ces quatre vers (f° 145 v°, éd. 1585) :

*Épitaphe d'un petit chien de Madame la chancelière
de Birague.*

Ce petit chien aima tellement sa maitresse
Qu'après qu'elle eut quitté la terre pour les cieux,
Le regret causa tant en son cœur de tristesse
Qu'après trois jours laissa le vivre soucieux.

« Du viii° jour de mars 1590, au greffe de la dite
« cour :
 « Raphaël Pillon, M° sculpteur et architecte du
« Roy, demeurant en l'isle du Palais, âgé de trente ans
« ou environ.
 « A dict congnoistre Gallias de Vigère, soy-disant
« prebstre et serviteur domestique de deffunt M. le
« cardinal de Birague, et M° des cérémonies de sa cha-
« pelle, lequel dict congnoistre depuis douze ans ou
« environ, et que par plusieurs fois il a communiqué
« avec luy, et qu'il y a environ ung an que le dict Gal-
« lias pria luy depposant de graver et mouller une fi-
« gure deboust, ayant les bras pendans et la faire
« droicte, de longueur de sept à huit poulces, et pro-
« mit de l'aller voir à son logis pour deviser de la dite
« figure ; et mesmes dict que depuis six sepmaines en
« çà, le dict Gallias, trouvant le dict depposant en la
« rue de Béthizy, devant le logis de M. de Viddeville [1],
« luy parla de rechef du dict moulle et figure d'homme
« cy-dessus mentionnez. Toutefois dict qu'il congnoist
« le dict Gallias comme de mauvaise paye, qui luy causa
« de négliger de faire les dictes figures. Et outre plus
« dict que le dict Gallias se mesloit de beaucoup de
« choses [2], comme de calciner, et plusieurs autres re-
« ceptes. Et outre dict que le dict Gallias luy avoit dict
« qu'il sçavoit une recepte pour luy monstrer dans
« l'ongle du doigt d'ung enfant vierge plusieurs choses
« qui peuvent advenir, comme voir personnes loing-

---

1. Benoist Milon, seigneur de V..., célèbre financier. Voir sur lui *L'Estoile*, à avril 1588, à la bibliothèque de Mme de Montpensier, 1587, et ailleurs.
 2. Quand on l'arrêta, on trouva sur lui et chez lui les recettes les

« taines, absentes et présentes, et plusieurs autres di-
« vinations; et ce par le moyen d'un petit enfant
« vierge, lequel regardant dedans le dict ongle, pour-
« roit reciter les choses que le dict depposant désiroit
« savoir; et luy dict le dict Gallias ces choses lorsque
« le dict depposant travailloit[1] à la sépulture de feu
« M. le cardinal de Birague, en l'église de Sainte-Ca-
« therine du Val des Escoliers de ceste dicte ville. Et
« est tout ce qu'il a dict, et s'est soubzsigné.

« Pilon[2]. »

Cependant, le 13 avril 1592 Gervais Pillon apporta à la cour de nouvelles lettres de jussion. Il demandoit qu'en considération des lettres par lui obtenues en 1590, et aussi « pour lui donner meilleur moien, oc-
« casion et voulunté de s'estudier, travailler et mettre
« peyne de parvenir et se rendre capable des vertus
« et perfections de son père au dit art de sculpture, il
« plût à la cour, de sa grâce, entériner ses lettres. »

---

plus bizarres, dont le greffier des Monnoies a conservé les premiers et derniers mots. Telles sont celles-ci :

« Le soir en allant coucher.... » *ad honorem diaboli et totius curiæ infernalis.... obtemperabilis amen.*

« Vous fault prendre un enfant vierge ou une femme grosse.... à la mode accoutumée. »

1. Bonfons dit que ce monument fut achevé en juin 1585. On pourroit croire que Raphaël Pillon fait allusion à une époque moins éloignée, mais comme il dit plus haut qu'il connoissoit Galéas depuis douze ans, la date donnée par Bonfons peut très-bien être exacte.

2. C'est le seul membre de la famille que j'aie vu écrire son nom avec une seule L. Je n'ai plus rencontré le nom de Raphaël Pillon; et comme il ne succéda pas à son frère Gervais en 1595, je suppose qu'il mourut jeune, ainsi que ses deux frères Gervais et Jean.

Malgré cette touchante supplique, la cour décida que des remontrances seroient faites au duc de Mayenne.

En effet, le samedi 21 novembre 1592, Jean Regin, président, Robert Béquet et Jean Favier, généraux des monnoies, et Denis Godefroy, avocat général, ayant été trouver le duc de Mayenne, de sept à huit heures du matin, en l'hôtel de la feue reine mère, pour lui demander le payement de leurs gages, le duc les engagea à lui remettre un mémoire. « Après, » dit le rédacteur du procès-verbal de cette entrevue, « nous
« dit le dit seigneur duc qu'il nous prioit de recepvoir
« ung nommé Pillon en l'estat de contrôleur général
« des effigies des monnoies de France. Lors remons-
« trasmes que ce n'estoit point ung office, ains seule-
« ment une commission.... Bien est vray que le feu
« Roy, voulant gratiffier le père du dit Pillon, pour
« l'excellence qu'il avoit en l'art de sculpture, lui avoit
« baillé cette commission pour prendre garde sur les
« effigies des dites monnoies de France..., et qu'elle
« seroit supprimée après sa mort..., joinct que le dict
« estat n'est aucunement nécessaire, d'aultant qu'on
« ne fait aucune effigie aux monnoies. Néantmoins le
« dit seigneur nous dit qu'il nous prioit de le recep-
« voir et faire quelque chose pour l'amour de luy, et
« à l'instant nous nous serions retirés. »

Le 14 décembre, Gervais Pillon, qui prenoit la qualité de sculpteur du Roy, ayant adressé une nouvelle requête, la cour ordonna qu'il seroit, suivant l'usage, informé sur sa vie et mœurs[1]. Il fut enfin reçu le

---

1. Cette enquête fut faite le 16 décembre, mais elle ne nous a pas été conservée.

15 janvier 1593, à la charge de ne pouvoir résigner ses fonctions et de n'être payé qu'après tous les membres de la cour. La cour décida encore qu'il fourniroit le tailleur général de cires, et qu'il ne seroit pas remplacé. On lui avoit donné à faire comme épreuve une cire d'après une pièce d'argent du feu roi Henri III. Il mit dix jours à la faire. Ayant commencé le 24 décembre 1592, il ne finit que le 3 janvier 1593, à cause de la fête de Noël, « et aussi des grandes « froidures. »

Cependant Henri IV étoit entré à Paris le 22 mars 1594. Avant d'être devenu paisible possesseur de son trône, il avoit successivement accordé à cinq personnages la place de contrôleur des effigies, dont avoit joui Pillon : 1° en 1590, peu après la mort de Pillon, à Nicolas Damfrye, fils de Philippe; puis ce Nicolas étant mort en septembre 1590, dans les rangs de l'armée royale, à Philippe Damfrye le jeune, fils de Philippe Damfrye (Henri étoit alors à Chauny); 2° le 20 octobre 1590, à Théodore du Hessin, orfévre en or, argent, fer et bronze, natif de Vautard en Gueldres [1]; 3° le 18 décembre 1591, étant devant Rouen, à Estienne Gendron; 4° en 1591 (mention le 3 juillet 1592), à Benjamin Foullon, son peintre et varlet de chambre ordinaire; 5° enfin, le 4 août 1592, il avoit renouvelé le don de cet office à Philippe Damfrye le jeune. Cela ne l'empêcha pas toutefois de donner, le 17 avril 1594, des lettres pour conférer le même emploi à Gervais Pillon, qui les présenta le

---

[1]. La Cour des monnoies de Tours refusa, comme celle de Paris, de donner un successeur à Pillon.

19 août suivant. La Cour des monnoies, qui auroit voulu profiter des circonstances pour faire supprimer un emploi qu'elle regardoit comme une sinécure, décida qu'elle adresseroit au Roi des remontrances à cet effet. Mais ses espérances furent loin d'être remplies. Philippe Damfrye, que nous avons vu avoir été pourvu du même office à Tours, en disputoit la possession à Pillon. La Cour des monnoies les renvoya tous deux, le 28 avril 1595, devant les requêtes de l'hôtel. Avant que la difficulté eût été résolue, Gervais Pillon mourut[1]; et le 31 octobre 1595, le Roi rendoit une déclaration explicite en faveur de Philippe Damfrye.

Philippe Damfrye fut reçu le 7 juin 1596, après une vive opposition de la Cour des monnoies. Il mourut avant le 11 février 1604, car le 11 mars, Jean Pillon, autre fils de Germain, présenta des lettres du Roi en date du 11 février, lui accordant l'office de contrôleur général des poinçons et effigies, vacant par le décès de Philippe Damfrye.

Mais le Roi qui, l'année précédente, avoit trouvé *fort agréable* la médaille double faite par Guillaume Dupré, son sculpteur, où luy et la Reine étoient représentés en une alliance de Mars et Pallas[2] faite à leur semblance, le Roi, dis-je, qui avoit d'ailleurs appris

---

1. Ainsi nous devons placer cette mort entre le 28 avril et le 31 octobre 1595.

2. Avec la devise : *Propago imperii.* J'ai vu un curieux mémoire de Dupré à la date du 22 août 1603. « Il y a environ six ans (y est-il dit) que le Roy vit la première fois de la sculture du demandeur ; en la gentillesse et la grâce de l'ouvrage qui lui fut présenté, ayant reconnu que Dupré promettoit quelque chose de grand et de hardy s'il estoit employé en la sculpture, cela meut Sa Majesté de le retenir à son service et de lui donner logis au Louvre et cent escus d'appointement. »

que Damfrye, à qui il avoit permis de disposer de sa charge, avoit eu l'intention de la résigner à Dupré, et avoit même reçu de l'argent de lui à cet effet, révoqua, le 7 octobre, les provisions expédiées, le 7 février, à Jean Pillon, et donna cet emploi à Guillaume Dupré.

Cependant, après diverses péripéties, après le refus d'abord fait (vers octobre 1604) par Jean Pillon de concourir avec Dupré pour un modèle de l'effigie du Roi, un arrêt du conseil du 31 janvier 1606 décida, pour mettre tout le monde d'accord, que Dupré et Pillon exerceroient ensemble l'office de contrôleur des effigies, à charge de suppression de l'un des deux offices à la mort de l'un d'eux.

Jean Pillon avoit été pourvu de la charge de contrôleur à un âge peu avancé, car il n'avoit que vingt-huit ans le 26 juillet 1607, lorsqu'il comparut dans l'information faite ce jour sur Gilbert Olivier, nommé, en remplacement de son père, maître ouvrier et conducteur de la monnoie du Moulin. Il déclara qu'il le connoissoit depuis son enfance, et avoit joué avec lui chez Germain Pillon, son père. A cette même enquête comparut aussi Antoine Pillon, élu et conseiller en l'élection de Melun. Il me paroît bien, à cause de la conformité de nom, de demeure et de déposition, devoir être considéré comme frère de Jean Pillon. Il avoit alors trente ans, et demeuroit, comme Jean, dans l'île du Palais.

Jean Pillon mourut au commencement de l'année 1617, car le 27 février de cette année, le Roi accorda à Guillaume Dupré les 400 francs d'appointements dont il jouissoit, portant ainsi à 800 francs ceux de Dupré.

Ces lettres ne furent enregistrées que le 27 mars 1624, après des lettres de jussion du 31 janvier précédent.

C'est la dernière mention que j'aie trouvée de la famille Pillon dans les archives de la Cour des monnoies. Il en résulte que sur quatre fils[1] de Germain Pillon qui nous sont connus, deux, au moins, Gervais et Jean, moururent jeunes, après avoir exercé successivement, et tous deux malgré beaucoup d'obstacles, les fonctions de contrôleur des poinçons; deux autres : l'un, Raphaël, exerça brillamment l'art de son père; l'autre, Antoine, suivit une carrière différente.

D'autres antiquaires, plus heureux que moi, savent ou sauront peut-être ce qu'ils devinrent, et si la France conserva longtemps, grâce à eux, la postérité d'un des plus grands artistes qui l'aient honorée[2].

---

[1]. Il est probable qu'ils n'étoient pas tous enfans du même lit, puisque nous avons vu ci-dessous, p. 5, que Pillon avoit été marié trois fois.

[2]. Je me suis borné à donner dans cette Notice (tirée entièrement des archives de la Cour des monnoies) la date des documens que j'ai consultés. Cette indication suffit pour retrouver ces originaux si on désire les consulter. (Registres civils, registres criminels, lettres et ordonnances et liasses.)

On peut voir une belle épitaphe de Germain Pillon, par le président Maynard, dans le *Journal de Verdun* de février 1759. Elle est tirée des *Muses françoises*, éd. de 1606, f° 391 v°.

PARIS. — IMPRIMERIE DE CH. LAHURE ET Cⁱᵉ
Rues de Fleurus, 9, et de l'Ouest, 21

www.ingramcontent.com/pod-product-compliance
Lightning Source LLC
Chambersburg PA
CBHW060921050426
42453CB00010B/1856